Anonym

Eine kurze Einführung in das Erschließungsrecht nach dem BauGB

GRIN Verlag

Bibliografische Information der Deutschen Nationalbibliothek:

Die Deutsche Bibliothek verzeichnet diese Publikation in der Deutschen National-
bibliografie; detaillierte bibliografische Daten sind im Internet über http://dnb.d-
nb.de/ abrufbar.

Impressum:

Copyright © 2011 GRIN Verlag GmbH
Druck und Bindung: Books on Demand GmbH, Norderstedt Germany
ISBN: 978-3-640-99576-9

Dieses Buch bei GRIN:

http://www.grin.com/de/e-book/177726/eine-kurze-einfuehrung-in-das-erschlies-
sungsrecht-nach-dem-baugb

Eine kurze Einführung in das Erschließungsrecht nach dem BauGB

Einleitung

In dieser kurzen Einführung soll ein Einblick gegeben werden in das Erschließungsrecht und das Erschließungsbeitragsrecht. Dies umfasst unter anderem den Begriff der Erschließung und deren Umfang, den beitragsfähigen Erschließungsaufwand und die Beitragspflicht von Grundstückseigentümern. Ziel ist, einige der vielen im Zusammenhang mit dem Erschließungsrecht auftauchenden Begrifflichkeiten vor zu stellen und dem Leser so das Vokabular zu liefern, um sich im Thema zurecht zu finden.

Ebenfalls soll der Leser durch die Vorstellung der einschlägigen Rechtsgrundlagen aus dem Baugesetzbuch einen Eindruck von der Systematik des Erschließungsrechts erhalten.

Zuletzt soll mit einigen stark vereinfachten Beispielrechnungen die Beitragsberechnung noch einmal veranschaulicht werden.

Was ist Erschließung?

Erschließung ist einfach ausgedrückt die Herstellung der Baureife eines Grundstücks. Dies umfasst Aufwendungen für die Erreichbarkeit des Grundstücks durch einen Anschluss an das öffentliche Straßennetz, die Versorgung des Grundstücks mit Elektrizität, Frischwasser und ggf. Gas sowie die Abwasserentsorgung.

Welche Erschließungsleistungen erbracht werden, hängt von den konkreten Anforderungen des Einzelfalls ab. Auch der Aufwand für die einzelnen Erschließungsanlagen ist je nach der Ausgangssituation eines zu erschließenden Grundstücks sehr unterschiedlich (z.B. je nach Lage, Topographie, bestehender Verkehrsanbindung).

Die zentralen Rechtsgrundlagen im BauGB[1]

Die Regelungen zur Erschließung von Grundstücken finden sich im sechsten Teil des BauGB und umfasst die Paragraphen 123 bis 135.

§	Titel
123	Erschließungslast
124	Erschließungsvertrag
125	Bindung an den Bebauungsplan
126	Pflichten des Eigentümers
127	Erhebung des Erschließungsbeitrags
128	Umfang des Erschließungsaufwands
129	Beitragsfähiger Erschließungsaufwand
130	Art der Ermittlung des beitragsfähigen Erschließungsaufwands
131	Maßstäbe für die Verteilung des Erschließungsaufwands
132	Regelung durch Satzung
133	Gegenstand und Entstehung der Beitragspflicht
134	Beitragspflichtiger
135	Fälligkeit und Zahlung des Beitrags

§ 123 Erschließungslast

Nach § 123 I BauGB ist die Erschließung grundsätzlich Aufgabe der Gemeinde, in der das Grundstück liegt. Gleichzeitig wird festgelegt, dass es gemäß § 123 III BauGB keinen Rechtsanspruch auf Erschließung gibt. Ein Grundstückseigentümer kann also nicht von der Gemeinde verlangen, dass sein Grundstück erschlossen wird.

Art und Umfang der Erschließung haben sich an den örtlichen Erfordernissen zu orientieren (§ 123 II BauGB). Die Erschließung soll dem Verwaltungsgrundsatz der Sparsamkeit und Wirtschaftlichkeit folgend kostengünstig und bis zur Fertigstellung der betreffenden baulichen Anlagen erfolgen.

§ 124 Erschließungsvertrag

Obwohl die Erschließungslast grundsätzlich bei der Gemeinde liegt, kann sie diese auf einen Dritten übertragen. Diese Übertragung auf einen so genannten Erschließungsträger ist ein vertragliches Rechtsgeschäft. Entsprechend gilt die Vertragsfreiheit und nach § 124 II BauGB können sowohl beitragsfähige als auch nicht beitragsfähige Erschließungsleistungen an einen Erschließungsträger vergeben werden.

---

[1] Baugesetzbuch (BauGB), in der Fassung vom 23.09.2004, zuletzt geändert am 12.04.2011, vgl.: www.gesetze-im-internet.de

Analog zu § 123 II BauGB gilt auch für einen Erschließungsträger, dass die vertraglich vereinbarten Leistungen angemessen sein müssen. Erhält eine Gemeinde keine sie zufriedenstellenden Angebote für die Erschließung eines Gebiets, für das sie einen Bebauungsplan erlassen hat, muss sie die Erschließung selbst durchführen.

Zur besseren Beweissicherung ist der Erschließungsvertrag schriftlich zu fixieren nach § 124 III BauGB.

§ 125 Bindung an den Bebauungsplan

Wie in § 124 BauGB bereits angedeutet, ist ein gültiger Bebauungsplan die Voraussetzung für eine Erschließungsmaßnahme. Existiert kein Bebauungsplan, können Erschließungsanlagen nur unter den Bedingungen des § 1 IV-VII BauGB errichtet werden, d.h. die inhaltlichen Hürden bei der Aufstellung eines Bebauungsplans gelten auch, wenn im Erschließungsgebiet kein Bebauungsplan existiert ,dies sind im einzelnen:

§ 1	Kriterium
IV	Anpassung an die Raumordnungsziele
V	Nachhaltige städtebauliche Entwicklung anstreben
	→ soziale, wirtschaftliche und Umweltaspekte berücksichtigen
VI Nr.1	Gesunde und sichere Wohn- und Arbeitsverhältnisse
VI Nr.2	Wohnbedürfnisse der Bevölkerung
	→ sozial stabile Bewohnerstruktur
	→ Eigentumsbildung der Bevölkerung
	→ Anforderungen durch kostensparendes Bauen
	→ Bevölkerungsentwicklung
VI Nr.3	Soziale und kulturelle Bedürfnisse
	→ z.B. Bildung, Sport, Erholung
VI Nr.4	Erhalt und Entwicklung von Ortsteilen und Nahversorgung
VI Nr.5	Ortsbild, Baukultur, Denkmalschutz
VI Nr.6	Belange der Kirchen
VI Nr.7	Umweltschutz
VI Nr.8	
a)	Wirtschaftsinteressen
b)	Landwirtschaftsinteressen
c)	Arbeitsplatzinteressen
d)	Post- und Telekommunikation
e)	Versorgung (v.a. Energie und Wasser)
f)	Sicherung von Rohstoffvorkommen

VI Nr.9	Personen- und Güterverkehr
VI Nr.10	Verteidigung und Zivilschutz
VI Nr.11	Städtebauliches Entwicklungskonzept
VI Nr.12	Hochwasserschutz
VII	Abwägung der öffentlichen und privaten Interessen

Weichen die Festsetzungen des Bebauungsplans und die tatsächlich erstellten Erschließungsanlagen voneinander ab, muss das kein Problem sein unter der Voraussetzung, dass der Wille des Bebauungsplans erhalten bleibt und die tatsächlichen Erschließungsanlagen hinter den Festsetzungen zurück bleiben. Es wäre also kein Problem, wenn eine Siedlungsstraße ein wenig schmaler ausgebaut wäre als geplant, jedoch wäre es durchaus problematisch, wenn die Siedlungsstraße weit über den erwarteten Bedarf hinaus ausgebaut worden wäre. Ebenfalls dürfen die Beitragspflichtigen durch die Abweichung vom Bebauungsplan nicht in der Nutzung ihrer Grundstücke eingeschränkt werden und es dürfen sich auch keine höheren Beitragsbelastungen für sie ergeben.

§126 Pflichten des Eigentümers

Obwohl der Eigentümer grundsätzlich Herr auf seinem Grundstück ist und keine Nutzung durch andere zulassen muss[2] sind seiner Willkür Grenzen gesetzt. So muss er etwa dulden, dass seinem Haus durch die Gemeinde eine Hausnummer zugewiesen wird und er diese am Haus kenntlich zu machen hat (§ 126 III BauGB). Außerdem hat er Straßenleuchten und deren Zubehör zu dulden, falls notwendig. Hiervon profitiert er selbst schließlich ebenso wie die Öffentlichkeit.

§127 Erhebung des Erschließungsbeitrags

Können Gemeinden ihren Aufwand für eine Erschließungsanlage nicht anderweitig decken, zum Beispiel durch Fördermittel, erheben sie einen Erschließungsbeitrag.
Erschließungsanlagen sind nach § 127 II BauGB:

§ 127 II Nr...	Erschließungsanlage
1	Öffentliche Straßen, Wege, Plätze
2	Öffentliche Fuß- und Wohnwege (d.h. Wege, die nicht für den Kraftfahrzeugverkehr frei gegeben sind)
3	Sammelstraßen, d.h. Erschließungsstraßen für Baugebiete
4	Parks und Grünanlagen (als Bestandteil von Straßen, Wegen und Plätzen oder falls sie nötig sind für die Erschließung des Baugebiets) ohne Kinderspielplätze
5	Schutzanlagen gegen schädliche Umwelteinwirkungen (z.B. Lärmschutzwälle)

---

[2] Vergleiche die Definition des Eigentümers im Bürgerlichen Gesetzbuch: § 903 S.1 BGB: „Der Eigentümer einer Sache kann, soweit nicht das Gesetz oder Rechte Dritter entgegenstehen, mit der Sache nach Belieben verfahren und andere von jeder Einwirkung ausschließen."

Der Erschließungsbeitrag muss nicht für die gesamte Maßnahme komplett abgerechnet werden. Er kann in Einzelbeiträge für den Grunderwerb, die Freilegung und einzelne Erschließungsanlagen untergliedert werden (§ 127 III BauGB) Dies bezeichnet man als Kostenspaltung.

Die Gemeinde kann ebenfalls Beiträge für Abwasserleitungen, Stromleitungen etc. erheben, obwohl diese Anlagen keine Erschließungsanlagen sind (§ 127 IV BauGB). Dieses Recht wird durch die Regelungen des § 127 BauGB nicht tangiert.

§ 128 Umfang des Erschließungsaufwands

Wie oben festgestellt, wird in § 127 BauGB erläutert, welche Erschließungsanlagen im Rahmen einer Erschließung angelegt werden können. § 128 I BauGB führt weiter aus, dass der Erschließungsaufwand grundsätzlich nur aus den Kosten für den Erwerb und die Freilegung der Flächen, die für die Erschließungsanlagen benötigt werden und die erstmalige Herstellung der Erschließungsanlagen besteht.

Werden Erschließungsanlagen über einen bloßen Instandhaltungsaufwand durch die Gemeinde wesentlich erweitert, besteht die Möglichkeit, auch hierfür Beiträge zu erheben, wenn dies durch Landesrecht erlaubt ist. Ebenfalls können das jeweilige Bundesland festlegen, ob die Kosten für die Herstellung der Beleuchtung in den Erschließungsaufwand einfließt oder nicht (§ 128 II BauGB).

Ausgenommen aus dem Erschließungsaufwand sind nach § 128 III BauGB definitiv die Investitionen in:

1. Brücken, Tunnel, Unterführungen
2. Ortsdurchfahrten von Bundesstraßen und Landstraßen I. und II. Ordnung[3]

§ 129 Beitragsfähiger Erschließungsaufwand

Erschließungsbeiträge können nur unter bestimmten sachlichen Voraussetzungen erhoben werden. Dies sind im Einzelnen:

- Der Erschließungsaufwand darf nicht anderweitig gedeckt sein (z.B. durch Fördermittel o.ä.)
- Die Erschließungsanlagen müssen erforderlich sein, um die Flächen nutzen zu können.
- Werden Erschließungsanlagen durch den Eigentümer erstellt, kann hierfür kein Beitrag mehr erhoben werden.
- Die Gemeinden müssen mindestens 10 Prozent der Erschließungskosten übernehmen.
- Aufwendungen, die ein gegenwärtiger oder ein vorheriger Eigentümer für Erschließungsanlagen gehabt hat, dürfen bei Übernahme durch die Gemeinde nicht erneut erhoben werden.

---

[3] Soweit deren Fahrbahnen keine größere Breite als die folgenden freien Strecken benötigen.

§ 130 Art der Ermittlung des beitragsfähigen Erschließungsaufwands

Der beitragsfähige Erschließungsaufwand kann entweder nach den tatsächlich entstandenen Aufwendungen oder nach pauschalisierten Einheitssätzen ermittelt werden.

Ermittlung des beitragsfähigen Erschließungsaufwands	
Nach tatsächlichen Aufwendungen	Nach Einheitssätzen

Die Einheitssätzen basieren auf Erfahrungswerten der Gemeinde. Sie setzt die durchschnittlich anfallenden Aufwendungen für vergleichbare Erschließungsanlagen an.

Der Erschließungsaufwand kann durch die Gemeinde für eine ganze Anlage oder für einzelne Abschnitte einer Anlage einzeln erhoben werden. Abschnitte einer Erschließungsanlage ergeben sich letztlich aus der örtlichen Situation, z.B. durch die Grenzen von Bebauungsgebieten etc. Stellen mehrere Anlagen eine Einheit im Sinne der gemeinsamen Erschließung der Grundstücke dar, kann der Aufwand für diese Anlagen zusammengefasst werden.

§ 131 Maßstäbe für die Verteilung des Erschließungsaufwands

Hat die Gemeinde den beitragsfähigen Anteil des Erschließungsaufwands für eine Erschließungsanlage ermittelt, muss sie in einem zweiten Schritt diesen Aufwand auf die durch diese Anlage erschlossenen Grundstücke verteilen. Hierbei werden mehrfach erschlossene Grundstücke nur einmal berücksichtigt.

Der Gesetzgeber stellt in § 131 II BauGB neben dem Eingangstatbestand der Nutznießung des Grundstücks durch die Erschließung einige Kriterien auf, nach denen sich die Verteilung des Erschließungsaufwands bemessen lassen soll:

- Art der baulichen Nutzung
- Maß der baulichen Nutzung
- Grundstücksfläche
- Grundstücksbreite zur Erschließungsanlage

Diese Kriterien können frei miteinander verbunden werden.

In Gebieten, in denen eine unterschiedliche Nutzung zugelassen ist, sollen die oben angeführten Kriterien so angewandt werden, dass die Unterschiedlichkeit der Nutzung Berücksichtigung findet, wobei die Frage ist, wie weit man in dieser Einzelfallgerechtigkeit gehen kann, um nicht für jede bauliche Anlage einen komplett eigenständigen Verteilungsschlüssel des Erschließungsaufwands entwerfen zu müssen.

§ 132 Regelung durch Satzung

In § 132 BauGB wird der Gemeinde aufgegeben, eine Satzung zu erlassen, in der geregelt wird:

- Art und Umfang der Erschließungsanlagen (Kriterium der Erforderlichkeit aus § 129 BauGB)
- Wie wird der beitragsfähige Aufwand ermittelt und verteilt?
- Wie hoch ist ggf. der Einheitssatz?
- Wird eine Kostenspaltung durchgeführt? Nach welchen Kriterien erfolgt diese?
- Wie ist die endgültige Herstellung einer Erschließungsanlage charakterisiert? (Merkmale der Erschließungsanlage, Zielvorstellungen)

§ 133 Gegenstand und Entstehung der Beitragspflicht

Grundlegend ist, dass keine Personen, sondern Grundstücke der Beitragspflicht unterliegen. Beiträge sind eine Belastung des Grundstücks, die dem jeweiligen Eigentümer zugerechnet wird.

Diese Beitragspflicht entsteht, sobald ein Grundstück bebaut oder gewerblich genutzt werden darf, es zählt also nicht die faktische Nutzung des Grundstücks, sondern die Nutzungsmöglichkeit. Welche Grundstücke der Beitragspflicht unterliegen, gibt die Gemeinde bekannt. Diese Bekanntgabe hat nur deklaratorischen Charakter und ist zur Begründung der Beitragspflicht nicht notwendig.

Zeitpunkt des Entstehens der Beitragspflicht ist gemäß § 133 II BauGB die Fertigstellung der Erschließungsanlagen. Für den Fall, dass Teilbeiträge abgerechnet werden sollen, muss die betreffende Maßnahme, die abgerechnet werden soll, fertig gestellt sein. Dies soll verhindern, dass aufgrund von Kostenschätzungen oder –voranschlägen Beiträge erhoben werden, die dann im Nachhinein ohnehin nachkalkuliert werden müssten, wenn die Maßnahme abgeschlossen ist und die Rechnungen vorliegen.

Um die Gemeinden zu entlasten, die ansonsten die komplette Erschließung vorfinanzieren müssten, ist es möglich, Vorausleistungen auf Erschließungsbeiträge zu erheben. Diese können bis zur Höhe des voraussichtlichen endgültigen Erschließungsbeitrages bemessen werden. Allerdings ist dies an einige Voraussetzungen geknüpft:

- Ein Bauvorhaben auf dem Grundstück ist genehmigt. oder
- Die Arbeit an den Erschließungsanlagen wurde begonnen. und
- Mit der Herstellung der Erschließungsanlagen wird innerhalb von vier Jahren gerechnet.

Die Vorausleistung ist selbstverständlich mit der endgültigen Beitragsschuld zu verrechnen. Dies gilt auch für den Fall, dass der Vorausleistende nicht beitragspflichtig ist.

Sind seit der Vorausleistung sechs Jahre vergangen und die Erschließungsanlagen noch nicht benutzbar (was bedeutet, dass die Beitragspflicht noch nicht entstanden ist), kann die Vorausleistung zurück verlangt werden. Dieser Anspruch auf Rückzahlung wird rückwirkend ab der Leistung der Vorauszahlung verzinst[4]

§ 134 Beitragspflichtiger

Wie bereits in den Ausführungen zu § 133 BauGB erwähnt, ist der Erschließungsbeitrag an das jeweilige Grundstück gebunden. Personen sind über das Eigentum an diesem Grundstück beitragspflichtig. Konkret bedeutet dies, das eine Person beitragspflichtig wird, wenn sie gemäß § 134 I 1 BauGB zum Zeitpunkt der Bekanntgabe der Beitragspflicht Eigentümer des betreffenden Grundstücks ist.

Einen Sonderfall stellen Erbbaugrundstücke dar. Hier wird nicht der Eigentümer beitragspflichtig, sondern der Erbbauberechtigte. Liegt ein dingliches Nutzungsrecht auf dem Grundstück, wird ebenfalls der Inhaber dieses Rechts beitragspflichtig.

Für den Fall, dass es mehrere Eigentümer eines Grundstückes gibt, haften diese gesamtschuldnerisch[5]. Gibt es auf einem Grundstück mehrere Teil- bzw. Wohnungseigentümer, werden diese nach ihrem jeweiligen Miteigentumsanteil beitragspflichtig.

---

[4] Mit zwei Prozent über dem Diskontsatz der Deutschen Bundesbank per anno.
[5] Vgl. § 421 BGB.

§ 135 Fälligkeit und Zahlung des Beitrags

Der Erschließungsbeitrag wird grundsätzlich einen Monat nach Bekanntgabe fällig. Um unbillige Härten zu vermeiden[6], kann die Gemeinde im Einzelfall zulassen, dass der Erschließungsbeitrag nicht in einer Summe ,sondern in Raten[7]- oder Rentenzahlung[8] erfolgt. Dies kommt regelmäßig dann in Betracht, wenn bei Forderung der Beiträge in einer Summe die finanzielle Überlastung des Schuldners droht.

Ändert sich die finanzielle Situation des Schuldners dahingehend, dass er besser zu leisten imstande ist, soll die Leistung der Beiträge entsprechend angepasst werden. Die Finanzierung soll dann über maximal zwei Jahre angelegt sein.

Wählt die Gemeinde die Option der Verrentung eines Erschließungsbeitrags, muss hierzu ein Bescheid erlassen werden, in der die betreffende Schuld in maximal zehn betraglich und terminlich definierten Jahresraten durch den Schuldner zu zahlen ist[9]. Die Restbeträge sind jeweils mit maximal zwei Prozent über dem Diskontsatz der Deutschen Bundesbank zu verzinsen.

Für den Fall, dass ein Grundstück entweder forst- oder landwirtschaftlich genutzt wird, hat die Gemeinde den Beitrag solange zinslos zu stunden, wie das Grundstück „zur Erhaltung der Wirtschaftlichkeit" des Betriebs genutzt wird. Bei einer Nutzung des Grundstücks als Kleingarten hat die Gemeinde den Beitrag ebenfalls zinslos zu stunden.

Falls ein öffentliches Interesse daran besteht oder zur Vermeidung unbilliger Härten (siehe oben) liegt es im Ermessen der Gemeinde, von der Erhebung von Erschließungsbeiträgen ganz oder teilweise abzusehen. Hier sollte allerdings darauf geachtet werden, dass sich die Gemeinde nicht leichtfertig finanzieller Mittel beraubt, indem sie dieses Ermessen zu großzügig ausübt. Ebenfalls könnte in diesem Fall die Frage nach einer eventuellen Selbstbindung der Verwaltung in vergleichbaren Fällen[10]

---

[6] Ein Härtefall ist ein atypischer Fall, dessen Einzigartigkeit der Verwaltung Ermessen einräumt, von der normalen Rechtsfolge abzurücken. Eine unbillige Härte ist eine Steigerung des normalen Härtefalls. Hier würde die betreffende Person durch die Beitragspflicht besonders hart getroffen werden.
[7] Hierbei wird zwischen Gläubiger und Schuldner vereinbart, dass der fällige Betrag nicht in einer Summe, sondern über einen bestimmten Zeitraum in festen Teilbeträgen abgeleistet wird.
[8] Hierbei wird zwischen Gläubiger und Schuldner vereinbart, dass der Schuldner dem Gläubiger für einen nicht eingeschränkten Zeitraum regelmäßig einen bestimmten Betrag leistet.
[9] Es handelt sich hierbei also eigentlich nicht um eine Renten-, sondern um eine Ratenzahlung.
[10] Durch den Gleichbehandlungsgrundsatz des Art. 3 Grundgesetz.

Die Regelungen im NKAG in Niedersachsen

Für den Bereich der Beiträge ist in Niedersachsen § 6 NKAG[11] einschlägig. Die einzelnen Regelungen des relativ umfangreichen § 6 sollen hier der Übersichtlichkeit halber in Tabellenform dargestellt werden.

§ 6 NKAG	Inhalt
I 1	Beiträge können maximal kostendeckend erhoben werden
	Sie dienen zur Deckung eines Aufwands der Gemeinde (für Herstellung, Erweiterung, Erneuerung etc. von öffentlichen Einrichtungen (öE))
	→ ex post Betrachtung
	Adressaten sind die Grundstückseigentümer, die die Möglichkeit haben, die betroffenen Einrichtungen in Anspruch zu nehmen, auf eine tatsächliche Inanspruchnahme kommt es regelmäßig nicht an
	Vergibt die Gemeinde Leistungen für die Arbeit an öE an Dritte (z.B. an eine örtliche Handwerksfirma) wird deren Rechnung zum Aufwand hinzu gezählt.
II	Beiträge müssen nicht für eine komplette Leistung erhoben werden. Es ist möglich, für die Kosten der Gemeinde z.B. für den Grundstücksankauf und die späteren Arbeiten an der Einrichtung einzeln Beiträge zu berechnen und zu erheben. Dies ist die so genannte Aufwands- oder Kostenspaltung
III 1	Grundlage der Beitragsberechnung können entweder die tatsächlichen Kosten oder Einheitssätze sein. Letztere ergeben sich aus Erfahrungswerten für bereits in der Vergangenheit erbrachte Leistungen
III 2	Auch die Leistungen von Mitarbeitern der Gemeinde (z.B. des Bauhofs) fließen in die Beitragsberechnung mit ein
III 3	Wenn eine öE auf einem bereits zuvor im Eigentum der Gemeinde befindlichen Grundstück errichtet wird, fließt der Wert des Grundstück trotzdem mit in den Beitrag ein, da die Gemeinde dieses durch die Nutzung für die öE bindet. Dies ist vergleichbar mit den kalkulatorschen Kosten in der Kosten- und Leistungsrechnung
III 4	Bei Versorgungsleitungen kann auch der durchschnittliche Aufwand für die gesamte Versorgungseinrichtung zur Beitragsberechnung heran gezogen werden. Dies bedeutet rein praktisch, dass die Kosten pro laufendem Meter der Versorgungsleitung ermittelt werden und der jeweilige Beitrag nach der Länge der Versorgungsleitung berechnet wird
IV	Es ist möglich, öE abschnittsweise abzurechnen, wenn diese auch abschnittsweise nutzbar sind. So könnte man beispielsweise eine Straße, von der ein selbstständig nutzbarer Abschnitt fertig gestellt ist, abrechnen

---

[11] Niedersächsisches Kommunalabgabengesetz in der Fassung vom 23.01.2007, zuletzt geändert am 26.05.2011, vgl.: www.nds-voris.de

V	Die Bemessung der Beiträge richtet sich nach den Vorteilen, die ein Grundstückseigentümer aus der öE ziehen kann. Falls die Vorteile nicht nach einzelnen Grundstücken differenziert werden können, ist es möglich, Gruppen zu bilden
V 3	Bei öE, die von der Allgemeinheit genutzt werden, wird ein entsprechender Teil des Aufwands nicht mit in die Berechnung des Beitrags mit einbezogen
VI	Mit der Beendigung der Maßnahme entsteht in der Regel die Beitragspflicht, es sei denn, ein Abschnitt soll bereits vorher abgerechnet werden (IV) oder Teilmaßnahmen sollen einzeln abgerechnet werden (II)
VII 1	Bei Beginn der Maßnahme kann eine Vorausleistung verlangt werden.
VII 2	Die Vorausleistung wird mit dem späteren Beitrag verrechnet
VII 3	Ist die Beitragspflicht auch nach sechs Jahren nach Zahlung der Vorausleistung nicht enstanden, kann die Vorausleistung zurück verlangt werden
VIII 1	Die Beitragspflicht trifft die Person, die zum Zeitpunkt der Bekanntgabe des Beitragsbescheids Eigentümer des Grundstückes ist
VIII 2	Bei einem Erbbaugrundstück trifft die Beitragspflicht die zum Zeitpunkt der Bekanntgabe des Beitragsbescheids erbbauberechtigte Person
VIII 4	Gibt es im oben genannten Zeitpunkt mehrere Eigentümer eines Grundstücks, haften diese als Gesamtschuldner
IX	Der Beitrag ruht als öffentliche Last auf dem Grundstück, dem Erbbaurecht oder dem Wohnungs- oder Teileigentum
X	Um das Verwaltungshandeln transparent zu gestalten und jeden Verdacht der Fehlerhaftigkeit auszuschließen, kann jeder Beitragspflichtige (oder Vorausleistungspflichtige) die Kalkulation des Beitrags und die Kostenaufstellung einsehen

Beispielberechnungen

Beispiel: Erschließung eines Baugebiets – Umlagebeitrag pro m²

Ermittlung des beitragsfähigen Herstellungsaufwandes

Kosten der Maßnahme:	1.000.000 EUR
abzgl. des nicht beitragsfähigen Aufwandes:	400.000 EUR
beitragsfähiger Aufwand:	**600.000 EUR**

Der beitragsfähige Herstellungsaufwand ist entstanden für:

Straße/Gehweg	485.000 EUR
Parkflächen	55.000 EUR
Verkehrsgrün	60.000 EUR
Beleuchtung	10.000 EUR
beitragsfähiger Herstellungsaufwand:	**600.000 EUR**
Zinsaufwand:	30.000 EUR
	570.000 EUR
abzüglich 10% Anteil der Stadt § 129 I 3 BauGB	57.000 EUR
Insgesamt ergibt sich somit ein zu verteilender beitragsfähiger Erschließungsaufwand von:	**513.000 EUR**

Verteilung des beitragsfähigen Aufwandes auf die erschlossenen Grundstücke gemäß § 5 Erschließungsbeitragssatzung

Aufwand: modifizierte Grundstücksflächen = Beitragssatz

513.000 EUR : 200.000 m² = 2,565 EUR/m²

Berechnung des Beitrags für ein Wohnbaugrundstück

Gemarkung	
Flur	
Flurstück	
Eigentümer	
Grundbuchblatt Nr.	
Grundstücksfläche	500 m²
Anzahl der zu berücksichtigenden Geschosse	1
Geschossmultiplikator lt.Satzung	100 %
Modifizierte Grundstücksfläche (Grundstücksfläche x Geschossmultiplikator)	500 m²
Beitrag je m² (siehe oben)	2,565 €
Beitrag (modifizierte Grundstücksfläche x Beitrag je m²)	1.282,50 €

Berechnung des Beitrags für ein Gewerbegrundstück

Gemarkung	
Flur	
Flurstück	
Eigentümer	
Grundbuchblatt Nr.	
Grundstücksfläche	5.000 m²
Anzahl der zu berücksichtigenden Geschosse	3
Geschossmultiplikator lt. Satzung	160 %
Modifizierte Grundstücksfläche (Grundstücksfläche x Geschossmultiplikator)	8.000 m²
Beitrag je m² (siehe oben)	2,565 €
Beitrag (modifizierte Grundstücksfläche x Beitrag je m²)	20.520 €